दर्द-ए-दस्तां

मिश शायरा

Made with ♥ on the Notion Press Platform
www.notionpress.com

क्रम-सूची

भूमिका

हर बार हम जो भी चाहते हैं, वह हमें मिल ही जाए, यह जरूरी नहीं है । भगवान ने पहले से ही हमारे लिए अपनी योजनाएं बना रखी हैं । ऐसा कहीं नहीं लिखा है कि हर कहानी का अंत सुखद होना चाहिए । कुछ कहानियों का अंत दुखद हो सकता है । उनका अंत कहीं ज्यादा बुरा होता है । कल्पना भी नही कर सकते । जीवन हमेशा वह नहीं होता जो हम सोचते हैं या जो हम चाहते हैं । कभी-कभी यह उन सबके के बारे में होता है जो समय हमें सिखाना चाहता है । समय हमें सब कुछ सिखाता है लेकिन दुर्भाग्य से समय पर नहीं । यहां कक्षा 7 में पढ़ने वाली कवयित्री ने एक लड़की की जीवन कहानी के आधार पर उस लड़की का जीवन समर्पित कर दिया है। कवयित्री को अपने जीवन में घट रही घटनाओं के कारण शायरी लिखना पसंद है और वह अपना ज्यादातर समय कविताएं और शायरी लिखने में बिताती हैं।

आमुख

यहाँ एक लड़की के जीवन को समर्पित कविता है जो अंतर्मुखी है लेकिन एक ऐसी जगह और ऐसे माहौल में बहिर्मुखी हो गया जो उसके लिए स्वर्ग से भी बढ़कर है। लेकिन दुर्भाग्य से उसके भविष्य के कारण उसे अपनी पढ़ाई के लिए स्थायी रूप से दूसरी जगह जाना पड़ा और जब उसने शहर के सबसे बड़े और सबसे अच्छे स्कूल में दाखिला लिया तो उसे एहसास हुआ कि शायद स्कूल पढ़ाई के लिए अच्छा है, लेकिन लोगों से मिलने-जुलने के लिए नहीं। उसके पिछले स्कूल में सभी शिक्षक और छात्र बहुत अच्छे और देखभाल करने वाले थे, लेकिन यहाँ उसे केवल प्रतिस्पर्धा और अकेलापन मिला। उसे अपनी तरह का कोई दोस्त भी नहीं मिला और इसीलिए वह अपना ज्यादातर समय शायरी लिखने में बिताती थी। इससे वह अवसाद में चली गई और उसके मानसिक स्वास्थ्य के कारण उसका परिवार भी निराश हो गया। वह उस स्कूल में बिल्कुल अकेली थी। वह अपने पिछले अनमोल जीवन को नहीं भूल सकती और एक दिन यह सहन करना उसके लिए बहुत कठिन हो गया और उसने यह सब खत्म करने का फैसला किया।

प्रारम्भ

पल वो पल जिस पल का किया हर पल इंतजार, उस पल को
बस ऐसे ही रोते हुए दिया एक पल में गुजार ।

वो पल बहुत रुला देता है जब जिंदगी तुमसे गिन - गिन कर
बदला लेता है ।

वो पल जब अपने ही अपनों का साथ नहीं देते और उन्हें
अकेला छोड़ देते है ।

वो पल जब हम अपनी जान से भी प्यारी कोई चीज़ खो देते हैं,
और चाहकर भी उसके पास नहीं जा पाते हैं ।

वो पल दिल तोड़ देती है जब हमें कुछ पसंद आए और हम
उससे जुदा हो जाते हैं ।

वो पल जब हम बहुत अकेले हो जाते हैं और पता नहीं चलता
कि हम क्या करते हैं ।

वो पल जब हम सोचे कुछ और थे , हुआ कुछ और था, ये सब
कुछ भूलने के लिए हम चल दिये मौत की ओर थे ।

वो पल जब जिंदगी से घुटन होने लगती है और मौत सबसे
प्यारी लगती है ।

वो पल जब हम कोई गलत कदम उठाते हैं और हमें रोकने
वाला कोई नहीं होता है ।

वो पल जब सब कुछ जैसा है वैसा चल रहा है और हम एक झटके में सब खत्म कर देते हैं ।

वो पल जब हम ये सबसे छुटकारा पाकर, सबको पीछे छोड़ देते हैं और अपने ना होने का एहसास दिला देते हैं ।

वो पल सबसे ज्यादा भयानक होता है जब हमें खुद सच्चाई का पता चलता है ।

भाग- 1

एक लड़की थी जो सबको हंसाती थी, कोई अगर कुछ बोल दे तो सहम जाती थी ।

हमेशा मस्ती करके सबको तंग करती थी, उदास होती तो चुप चाप बैठ जाती थी ।

छोटी थी जब सबको हर बात बताती थी, बड़ी हुई तो सबसे हर दर्द छुपाने लगी थी ।

वो एक पहली थी, जो सबको अपना बनाना चाहती थी ।

अपनी कहानी सबको सुनानी थी, और जलने वालो की रूह भी जलानी थी ।

ज़माने में भले ही उसका कोई अपना नहीं था मगर ज़माने में अगर साथ दे उसकी किस्मत तो उसके लिए और कुछ भी कोई मुसिबत नहीं था ।

उसे लगता था कि अगर लोग क्या सोचेंगे ये हम सोचेंगे तो फिर लोग क्या ही सोचेंगे !

अपने पापा की नौकरी की वजह से हमेशा नई जगह घूमती थी, और थोड़े बहुत लोगों से मिल जुल जाती थी ।

फिर एक आखिरी बार अपने पापा की नौकरी के कारण एक जगह गई थी, वो जगह जो स्वर्ग से सुंदर, फूलों से ज्यादा

खुशबुदार और जन्नत से भी ज्यादा प्यारा था ।

उसी जगह दो साल बिता दिया, एक रोते- रुलाते और दूसरे हंसते-हंसते निकाल दिया ।

जहां भी जाती थी अपनी जगह बनाना उसे बहुत अच्छे से आता था, उधर भी किया था उसने अपना जादू और सबको अपना लिया था।

ज्यादा नहीं मिलती थी लोगों से अपनी इस छोटी सी जिंदगी में, लेकिन खोल दिया था सब कुछ अपने प्यारे से जन्नत में।

मिल गई थी उसे अपने खास जिगरी साथी, बदमाश दुश्मन, प्यारा भाई, अच्छे दोस्त, मदद करने वाले पड़ोसी, समझने वाले बड़े और बन गई थी वो उस जगह की शान ।

पहला साल बहुत रुला दिया और आखिरी साल बहुत मिला दिया ।

पर कहते हैं ना जिंदगी ना जाने कब बदल जाती है, सच कहते हैं मुसिबतें कभी बता कर नहीं आती है ।

वक्त आगया था जाने का, अपनी खुशियों को अलविदा कहने का ।

दिल से धड़कन की जुदाई मौत के जैसे होता है, प्यार करना है तो अभी कर लो वरना साथ छोड़ने के वक्त तो दुश्मन भी रो जाता है।

भाग-2

आँसू छिपाने में वो लगी थी, एक पल में उसकी जो जिंदगी बदल गई थी ।

सही कहते हैं, इस दुनिया में ख़ुशियाँ का सौदा होता है, जिनका दिल साफ होता है बस उन्हीं के साथ ऐसा होता है ।

आ गयी एक नई जगह रहने, लेकिन खुद से वादा कर लिया और कभी भी किसी को अपना नहीं बनाने के ।

वो बहुत सारे सपने आँखों में लेकर घूमती थी और कई सपनों के करीब थी ।

कहीं ना कहीं दिल बार-बार कह रहा था एक बार फिर से सोच ले, कहीं उनकी यादें तुझे बुरी तरह से ना जीते जी मार दे ।

फैसला भले ही अपनों का था लेकिन अपना कोई नहीं और हमारी उम्मीदें हैं सपना नहीं ।

लेकिन फिर क्या! उस शहर के सबसे बड़े स्कूल में एडमिशन लिया था, पर किसे पता था उस स्कूल का राज जो पता चल गया था ।

बच्चों में इतना भेदभाव करते हैं कि उन्हें मानसिक रूप से प्रताड़ित कर लेते हैं, शिक्षक को अगर एक बच्चा शुरू से पसंद आया तो उसे जिंदगी भर अपनी आंखों का तारा बना लेते थे ।

बच्चे तो वही मतलब के लिए दोस्त बनते हैं, कोई अगर उनसे आगे निकल जाए तो उसे बुरा-भला कहते थे ।

वाह सबके ऊपर बस प्रेशर देते थे, 2-3 वीडियो दिखा कर टॉपिक ही ख़त्म कर देते थे ।

पर कुछ शिक्षक बहुत अच्छे थे, एक बात पूछो तो बार-बार बताते थे, लेकिन इतने सारे बच्चों में से वो कहा हर किसी के ऊपर ध्यान देते थे ।

वाहा किसी को भी वो अपना दोस्त नहीं बनाती थी, एक बार बनने की कोशिश थी लेकिन वो भी सही नहीं थी ।

वो लड़का तो नाम का दोस्त था, बस इसे अपना काम करवा लेता था, फिर कुछ दिनों बाद इसे बात करना बंद कर दिया था, और इसे उसका दोस्त बनने का पछतावा दिला दिया था ।

रोज़ाना देखते एक दूसरे को, लेकिन कुछ नहीं बोलते वो ।

इसे लगा कि कहा ये एक अच्छा दोस्त होगा, पर किसे पता था ये ऐसा करेगा ।

उसके बाद उसने किसी को अपना दोस्त नहीं बनाया था और फिर सबसे खुद को जुदा कर दिया था ।

भाग- 3

वाहा से उसका इतना लगाव हो गया था कि वाहा से दूर रहना इसकी जिंदगी गलत साबित कर रहा था ।

इसकी जिंदगी ने एक ऐसा मोड़ लिया था, जिसने इसे अंदर तक तोड़ दिया था ।

पर कुछ सही नहीं था, उसे खुद पता नहीं क्या हो गया था, हर चीज़ में घबराहट सी होने लगी थी, शायद फिर से कुछ खाने से डरने लगी थी ।

जब से इधर आई थी चुलबुली से चुप हो गई थी, बस हां या ना में जवाब देती थी ।

इसे बस वही एक बात सताती थी और उसके दिल में एक उदासी थी, वो सब यादें जो उसके दिल को परेशान करती थी, कुछ बातें अभी भी बाकी थी जो उसे रोज़ रात रुलाती थी ।

सबसे मिलना जुलना ख़तम कर दिया था, सबको हर बात बोलना बंद कर दिया था ।

कोई भी रिलेशन में आए हमेशा सीरियस रहती है, शायद इसी तरह बार-बार रोती थी ।

नहीं फर्क पड़ता अब किसी से भी,पड़ता भी कैसे सबने छोड़ दिया था उसकी कदर करने से भी ।

रेत सी आँखें नाम हो गई थी, जिंदगी बस नरक सी लगने लगी
थी ।

इतना कभी नहीं मिली थी लोगों से अपनी जिंदगी में, जितना
इसने अपना लिया था उस जगह में, नहीं आना चाहती थी
लेकिन अपनों के लिए आ गयी थी, जीना नहीं चाहती थी
इसलिए धीरे-धीरे अपना दम तोड़ रही थी ।

इधर आकार तबियत इतनी खराब हो गई कि अस्पताल से दूर
रहना एक मुसीबत बन गई, सर से पाउ तक पूरी बीमार हो
चुकी थी, उसके ऊपर कोई दवा असर नहीं करती थी ।

उसके दिन की थकान सोने से भी नहीं मिटती थी, नींद बेशर्म
है ज्यादा रहती ही नहीं थी, रात में नींद आती नहीं थी, लेकिन
ये बिस्तर से उठने का नाम भी नहीं लेती थी ।

चुप-चाप एक कमरे में बंद रहना चाहती थी, लेकिन अपने
परिवार के लिए इतना भी नहीं कर पाती थी, किसी से बात
नहीं करना चाहती थी बस सबसे दूर हो जाने की दुआ करती
थी ।

उसने ऐसा गुनाह कर दिया था, अपने दिल को बेकार में बर्बाद
कर दिया था, और नहीं बताती थी किसी को अपने दिल की
बात, उसने खामोखा अपनों को पर्याय कर दिया था ।

फ़िलहाल ने उसका बुरा हाल कर दिया था, उस लगाव ने उसे
कमाल का कर दिया था, और ये काबिल तो नहीं थी इस दर्द

की, मगर ख़ुदा ने ये कैसा दिन दिखा दिया था और अब बस ऐसा कोई हादसा दोबारा लौट कर ना आए ,उसने अभी तक हुए पुराने हादसे में से खुदको आज़ाद नहीं किया था ।

ये मिलने के हादसे अक्सर दिल बहुत तोड़ देते हैं, सब जिंदगी की बात करते हैं, लेकिन आखिर में सब यहीं सड़क में ही जुदा हो जाते हैं ।

जिसे चाहा जाए उसे पाया जाए ये जरूरी तो नहीं, और हर ज़ख्म वो दिखाया जाए, ऐसा कहीं लिखा तो है नहीं ।

सबको छोड़ कर ये खुश रहे इसके हिम्मत नहीं, सबको भुला दे ये इसके बस में नहीं, सबसे जुदा हो गई, इसे बड़ी कोई सजा नहीं, ये फिर किसी को अपना ले ,ये इसकी और औकात बची नहीं ।

हाथ में उसका नस दब गया था और एक महीने की परीक्षा पहले ही आ गई थी, इतने दर्द में रहती थी लेकिन फिर भी किसी को कुछ नहीं बताति थी ।

तबियत खराब और ऊपर से परीक्षा का दबाव, दोनों में ही दम घुट रहा था और जीने के लिए मन भी नहीं कर रहा था ।

भाग -4

अपने साथ खेल रही थी, अरे एक दर्द तो पहले से झेल रही थी,
आँसू आ गये उन बातों को याद कर के ही, कितने दर्द में थी
वो किसी को बताने की हिम्मत ना कर पाई ।

क्यों हुआ ये सब, कोई वजह थी क्या, अरे अपनों के लिए
अपनी जान सी प्यारी चीज़ को छोड़ दी थी, इस से भी बड़ी
कोई बात है क्या!

मुस्कुराते हुए चेहरों पर दर्द गहरा रहता है, किसी से कुछ कहती
तो नहीं लेकिन दर्द होता बहुत है ।

उसके जीवन में उनकी कमी थी, ना चाहते हुए भी वो उनके
बिना जीवित थी, खुश रहने का सबके सामने दिखावा करती
थी, और किसे पता था अभी भी उन सबकी कमी थी ।

हर दिन उसके लिए नए दर्द थे, हर रोज़ उसके लिए नए जख़्म
थे, पता नहीं ख़ुदा कब लेंगे उसे इस बेवफ़ा दुनिया से ।

ऐसा ही बीता कुछ साल और, आने लगे उसकी जिंदगी में जीने
का सवाल ।

परेशान हो गई थी वो ये सबसे, नहीं डरती थी अब खुद को
कबर में लेट कर खाने से ।

दिल तोड़ कर अपनी जुदाईयों से जुड़ जाती है, दर्द में रहकर भी
वो मुस्कुराती है ।

फिर एक दिन आया, सब कुछ गलत हो गया ।

उसे खुद भी नहीं पता था क्या हो रहा था, उस दिन मानो
बादलों के ऊपर बैठा ख़ुदा भी रो रहा था ।

इतने आगजनी के बाद वो दर्द फिर से महसूस कर रही थी,
और भावनाहीन प्रतिबंध ने का दिखावा काम नहीं कर रही थी ।

जिंदगी उसकी नर्क सी हो गई थी तो फिर वो जी कर भी करे
क्या, और वो रात तो ऐसी रात थी जब सब कुछ बदलने वाला
था ।

उस दिन वो अकेली थी अपने बंद कमरे में और कुछ सही नहीं
था उस रात की हवा में ।

दर्द बहुत भारी पड़ रहा था, ये सब में उसका दम घुट रहा था ।

वो कहीं खो सी गई थी, उसे खुद भी पता नहीं था वो क्या कर
रही थी, दिमाग बिल्कुल काम नहीं कर रहा था, उसका दिल जो
बोल रहा था वो बस वही करती गई ।

उस रात एक फूल पेड़ से बिछड़ने वाली थी, और रात के तीन
बजे वो रो तक नहीं रही थी ।

उस रात खामोशियों ने सौर मचा रखा था, दर्द इतना ज्यादा कि
बस बहुत हो गया था ।

उस दिन मानो सब ख़तम होने वाला था, पता नहीं ख़ुदा ऐसे चुप कैसे बैठ सकता था, जिंदगी इतना बेरहम कैसे हो सकती थी, जब मौत खुद तरस खाए जा रहा था ।

हर चीज़ अपने रंग से बिछड़ गई थी, वो अपनी जिंदगी में हार गई थी ।

बार-बार सब कुछ दिमाग में चल रही थी, जो दर्द देखना था वो ख़ुशी - ख़ुशी देख ली थी ।

गुन-गुन करते चमकते जुगनू तड़प रहे थे, हर तरफ हर कोई खामोश हो गए थे ।

चुप होकर अपने दर्द को झेली, रस्सी ली एक और उसे अपनी गले में लगायी ।

हर परिंदे उसे चाह कर भी उस दिन रोक ना पाए, इस दुनिया से भगवान उसे बचा ना पाए ।

उसकी आत्मा शरीर से जुदा हो चुकी थी, हाँ इस दुनिया से वो जा चुकी थी ।

अगले दिन उठकर सब कुछ अजीब लगा, पता नहीं सबको बहुत घबराहट हुआ ।

हर किसी की सांसें एक पल के लिए रुक गईं, उसके कमरे में दरवाज़ा खुला तो सबके दिल की धड़कने थम सी गई ।

धड़कती साँसें रुक सी गई थी, देखा उसके कमरे के अंदर आकर तो सबकी आँखें खुली की खुल रह गई थी ।

जखम बेहद सा था और इलाज उसे मिल नहीं रहा था, जब और कोई रास्ता नहीं बचा तो उसने खुदको फाँसी पर लटका लिया था ।

तन्हाइयों के पहेलियाँ में वो घुट कर मर चुकी थी, एक नादान सी फूल फाँसी पर लटकी हुई थी ।

खुद की ख़ुशी न मिली तो ख़ुदख़ुशी से डील कर लिया था, जल्दबाजी में उसने सबको अलविदा कह दिया था, ये कदम उठाना नहीं चाहती थी, लेकिन ये करने पर सबने मजबूर कर दिया था ।

भाग -5

नहीं हो रहा था ये सब, मर रही थी वो इन सब में, जितना दर्द झेलना था उसने झेल लिया था, जितना जिंदगी जीना था उसने बीता दिया था ।

उसकी जिंदगी हराम हो गई थी, लोगों ने तो जीना हराम किया और भगवान भी किये, थक गई थी वो सारी चीजों से, जब से आई थी बस चुप रहने के लिए ताने सुन रही थी सबसे ।

दुनिया से परेशान हो गई थी, खुद में खुद ही खो गई थी, सबने उसे ऐसा छोड़ दिया था तन्हा , जैसे वक्त से बिछड़ा था कोई लम्हा ।

सबने किये दिखावे और सब कुछ झूठे बहलावे ।

उसका प्रतिशत 100 से 95 हो गया था, उसका आत्मविश्वास ऊपर से नीचे था, कोई सह-शैक्षिक गतिविधियों में उसका मन नहीं था, सबकी कहीं हुई छोटी सी बात भी उसका दिल तोड़ देता था ।

शिक्षकों के डांटने से अब कोई फर्क नहीं पड़ता था, गलत ना होने पर भी गलत कहने का कोई ग़म नहीं था, जिंदगी उसके लिए बन गई थी एक राज और मौत ये सब का इलाज ।

हार मान लिया था उसने सबको मनाते हुए, छोड़ दिया था ये सब कुछ अपनी किस्मत को कोस्ते हुए ।

जो लड़की सबको खुसी देती थी, खुद दर्द लेकर मौत के पास
चली गई, और अपने ना होने का एहसास छोड़ गई ।

खुद का दिल तोड़कर अपने आप से ही हार गई थी, फिर दर्द से
लड़ने के लिए वो ताकत खो दी थी, दोबारा ख़ुदा पर भरोसा
करने की हिम्मत निकल दी थी, बस यार वो थक चुकी थी ।

भाग -6

पता नहीं सच था या साझीस लेकिन उसके ख़्वाब हमेशा टूट
जाते थे, उसके अपने ही दुख देते और उसका जान लेते थे ।

टीचर को अपने किये पर पछतावा दिला दिया, बच्चों को अपनी
बातों का मतलब बता दिया, उसकी जिंदगी बन गई थी मज़ाक
और उसकी मौत सबके लिए एक बड़ी सबक ।

मिल गया था उसे ये सब से छुटकारा और जीने के दर्द से
राहत, सबको लगता है कि मौत भयानक है पर सच मानो यारों
, मौत से ज्यादा कुछ नहीं है खूबसूरत ।

जिंदगी एक सुंदर झूठ है पर, मौत एक दर्दनाक सच ।

ऐसा लगता था कि सब कोई उससे कुछ चाहते थे लेकिन उसे
नहीं, और यही हकीक़त थी कोई बुरा सपना नहीं ।

उसने खुद से ही खुद को बदनाम कर लिया था, और सबको
गलत साबित कर लिया था, कसम खाई थी ऐसा काम कभी
नहीं करेगी, लेकिन वो भी क्या करती, बेचारी बहुत दर्द में थी ।

अगर सब कोई जान लेते उसकी तकलीफ़ , तो तरस खाते
उसकी मुस्कान पर जो है लगती बहुत अच्छी ।

वो किसी को क्या बताती कि कितनी मजबूर थी, जिनके पास
रहना चाहती थी, उनसे ही दूर थी ।

उसकी बहुत सारी समस्याएँ के जवाब मौत और बाकी सब सजा थे, वो हार गई थी और उसके नसीब बनाने वालो को अब क्या ही बोले ।

वो बहुत अच्छे से जानती थी उसे दूर जाने था, सबसे जुदा होकर खुद का टूटना तो पहले से तय था, इस तरह सच से भागने से पता नहीं क्या मिला था, क्योंकि आखिर में इसका अंजाम तो बस उसकी मौत ही था ।

एक चोट उसकी दिल पर गहरी लगी थी, मानो किसी ने उसे मौत की सजा सुना दिल थी, ये सच था कि वो उस पल ही मर गई थी, बस दिल की धड़कने चल रही थी, पर एक बात बताऊ वो कब से कोशिश कर रही थी इस आहट को रोकने की ।

अंत

जो भी इसे पढ़ रहा होगा आज, सोच रहा होगा क्या ही है इसमें इतना खास, लेकिन एक बार ज़रूर अपने आप को उसकी जगह रख कर सोचो , उसकी तरह सबसे मिल कर सीखोगे , उसकी जगह सबको खो कर देखोगे , इसके बाद पता चलेगा की उसे ये सबसे कितना दर्द हो रहा होगा ।

वो एक ऐसी इंसान थी, जिसे लोगों से मिलना बहुत मुश्किल लगता था, और मिलकर खाने का दर्द उसके फलक तक पहुंच गया था ।

बार-बार उसे उदास बता रहे थे, ये बोल कर ही उसे उदास करा रहे थे, उदास नहीं थी वो बस, उसे उदासी से दूर होने के लिए कुछ समय चाहिए था ।

चुप होकर उसने कोई गुनाह कर दिया था क्या, दर्द और ज़ख्म छुपाने की कोशिश भी उसकी ही ग़लती थी क्या, सबको खुश रखना चाहती थी, लेकिन सब अपनी बात पर अड़े हुए थे, और इसके चुप हो जाने से बाकी लोगों को इतना गुस्सा आया था, जैसे इस सब में उसका हाथ है क्या ।

उसने हर पल सबसे प्यार किया, पता नहीं क्यों, कोई महसूस ना कर पाया, खुद से ज्यादा दूसरे को चाहा और किसी को भनक तक लगने ना दिया ।

चीख कर चिलाना चाहती थी, ज़ोर से रोना चाहती थी, अपना दर्द सुनाना चाहती थी सबको, लेकिन बस चुप होकर रह गई थी ।

हाँ, उसके जाने से ये दुनिया अंजानी सी लगती है, उसके बिना एक दिन भी सौ साल जैसी लगती है, उसकी दास्तां जिसे

भी सुनाते हैं सबको ये बस एक कहानी लगती है, उन्हें क्या पता इसके बिना किस दर्द में हमें जिंदगी गुजारनी पड़ती है ।

उसके साथ बिताए हुए पल आज भी याद है, कितना खुश रह रही थी वो कसम से, सबने ले लिया उसका ही हक उसी से,आँसू छिपा ने के लिए जो बहाने बनाती थी सब बहुत दर्द देते थे, चाह कर भी टाइम पर कुछ कर न पाए इसका पछतावा अभी तक है, उसे खोने का ग़म हमेशा अंदर से घुटन देता है, यारों उसके बिना जीना सच में बहुत मुश्किल है ।

उसकी कहानी दिल दहला देने वाली है, उसकी निशानी सबसे प्यारी है...